DROIT RURAL

CLOTURES ET PLANTATIONS

D'APRÈS

LA LOI DE 1881

ET

LES ANCIENNES COUTUMES DE NORMANDIE

PAR

MARTIN LE N. DE NEUFVILLE

MAIRE DE SAINT-DENIS-DE-MÉRÉ,
PRÉSIDENT HONORAIRE DU TRIBUNAL CIVIL D'ALENÇON,
OFFICIER DE L'INSTRUCTION PUBLIQUE,
MEMBRE DE L'ACADÉMIE DE LÉGISLATION
ET DE SOCIÉTÉS D'AGRICULTURE, ETC., ETC.

(EXTRAIT DE *LA FRANCE JUDICIAIRE*)

PARIS

A. DURAND et PEDONE-LAURIEL, Éditeurs,
LIBRAIRES DE LA COUR D'APPEL ET DE L'ORDRE DES AVOCATS
G. PEDONE-LAURIEL, SUCCESSEUR
13, rue Soufflot, 13.

1884

DROIT RURAL

Fontainebleau. — M. E. Bourges imp. breveté.

DROIT RURAL

CLOTURES ET PLANTATIONS

D'APRÈS

LA LOI DE 1881

ET

LES ANCIENNES COUTUMES DE NORMANDIE

PAR

MARTIN LE N. DE NEUFVILLE

MAIRE DE SAINT-DENIS-DE-MÉRÉ,
PRÉSIDENT HONORAIRE DU TRIBUNAL CIVIL D'ALENÇON,
OFFICIER DE L'INSTRUCTION PUBLIQUE,
MEMBRE DE L'ACADÉMIE DE LÉGISLATION
ET DE SOCIÉTÉS D'AGRICULTURE, ETC., ETC.

(EXTRAIT DE *LA FRANCE JUDICIAIRE*)

PARIS

A. DURAND et PEDONE-LAURIEL, Éditeurs,

LIBRAIRES DE LA COUR D'APPEL ET DE L'ORDRE DES AVOCATS

G. PEDONE-LAURIEL, SUCCESSEUR

13, rue Soufflot, 13.

1884

REVUE DE DROIT RURAL

LES CLOTURES.

La législation récente (loi du 29 août 1881), sur le code rural intéresse les populations agricoles; grande apparaît son importance pratique; cette loi résume ou fixe une jurisprudence jusqu'alors incertaine et donne satisfaction à d'incessantes réclamations. Le cultivateur sait apprécier la valeur de la terre, il en conquiert la propriété à force de labeur et d'épargne; plus le sol est fertile, plus la convoitise s'éveille, plus la surveillance s'impose, plus les contestations entre voisins se multiplient; tout litige implique doute, erreur ou passion; l'agriculteur connaît les lois de la nature, il ignore la science du droit; longtemps nos campagnes isolées et sans écoles ont vécu au milieu des ténèbres; chaque jour l'instruction chasse l'ignorance, le progrès détruit le préjugé, la raison triomphe de la routine et des susceptibilités excessives. Chacun désormais cherche à s'éclairer sur ses droits et ses obligations; c'est au jurisconsulte de répandre les connaissances juridiques parmi les populations avides de sciences, de provoquer le zèle par l'attrait de l'intérêt, et de faciliter par l'étude des lois les solutions pacifiques, promptes et économiques. L'examen des articles de la loi nouvelle sur les clôtures entre héritages nous a paru, sous ce rapport, offrir un sérieux avantage.

I.

Le législateur de 1881 se montre favorable aux clôtures; qu'il s'agisse de haies vives ou sèches, de murs, de fossés, de rivières, de treillages, de palissades, de banques, de masses, de digues, il reconnaît l'avantage de tout mode de séparation entre héritages : c'est que la limite des propriétés est désormais établie, toute contestation disparaît, et même l'intérêt public, ennemi du trouble, obtient une importante satisfaction; mais d'un autre côté, tout terrain constitue une valeur; chaque clôture envahit et sacrifie un terroir parfois fertile; la richesse de la production s'élève donc en raison inverse de l'étendue et de la largeur des haies et des fossés; comment concilier, au point de vue du rendement, ces deux idées opposées : utilité des clôtures, non valeur du terrain. La loi a trouvé la solution du problème dans la mitoyenneté qui diminue de moitié pour les deux voisins la perte du sol; toute clôture qui sépare deux héritages est réputée mitoyenne (art. 666

du code civil). Quelle que soit donc la clôture placée entre deux propriétés, cette clôture est en principe commune aux deux voisins, et cette présomption de mitoyenneté constitue dans la loi un titre légal, tout puissant, commun aux intéressés.

Au principe de mitoyenneté, la loi apporte quatre exceptions :

Toute clôture qui sépare des héritages est réputée mitoyenne, à moins :

1° Qu'il n'y ait qu'un héritage en état de clôture ;

2° Qu'un titre n'établisse la propriété exclusive ;

3° Qu'il y ait prescription ;

4° Qu'il y ait marque du contraire.

§ 1er.

La clôture n'est pas présumée mitoyenne, lorsqu'un seul héritage se trouve clos.

Deux champs sont séparés par une haie, le premier est-il seul entouré, il devient vraisemblable que la haie a été l'œuvre du maître du champ clos. Cette probabilité ne se transforme jamais en une présomption légale de *propriété*, elle renverse seulement la présomption légale de mitoyenneté et facilite ainsi la preuve de la propriété de la clôture d'après les règles générales du droit.

La cour de cassation, par un arrêt célèbre en date du 12 mars 1872, a posé cette règle désormais formulée en loi : la cour régulatrice décidait que le propriétaire de l'héritage seul en état de clôture, n'est pas par cela même présumé propriétaire exclusif de la haie qui le sépare de l'héritage non clos ; qu'il doit faire la preuve de sa demande, mais qu'il bénéficie du défaut de clôture du voisin et ne rencontre l'obstacle d'aucune présomption légale qui exigerait, dans le cas contraire, un titre ou une présomption avant de disparaître.

Existe-t-il des cas spéciaux où sans recourir au droit commun, le voisin puisse établir son droit exclusif de propriétaire à l'aide de présomptions légales?

Dans deux hypothèses, la non-mitoyenneté ressort de la loi : c'est lorsqu'un mur déverse ses eaux d'un côté seulement (art. 654 du code civil); et lorsqu'un fossé possède également d'un côté le rejet de ses terres (art. 666 du code civil).

L'examen de ces espèces rentre dans l'étude des marques contraires à la présomption de mitoyenneté. (Voir le § 4.)

§ 2.

La clôture n'est pas présumée mitoyenne dans le cas où un *titre* établit la propriété exclusive des voisins.

Le titre incontesté fait preuve absolue ; il peut être authentique (art. 1317 du code civil); il peut être sous seing privé (art. 1322).

Quelles conditions doit réunir le titre pour être efficace?

Cet acte doit-il être commun aux deux parties? Sans doute s'il existe une convention entre les deux voisins, le titre qui la renferme possède une autorité absolue, il fait foi.

Mais quelle influence revêt l'acte émanant d'un tiers et inconnu du voisin auquel on l'oppose?

La loi est absolue (art. 666), elle n'exige nullement un titre commun, il suffit qu'un acte sérieux mentionne la présence de la non-mitoyenneté de la clôture et la présomption de mitoyenneté disparaît.

La cour de cassation s'est prononcée en ce sens le 25 janvier 1859 : un propriétaire acquiert un immeuble, le contrat indique les tenants et les aboutissants des terres, et mentionne un mur séparatif de deux héritages, bâti sur la propriété vendue ; le voisin peut-il repousser cet acte ? Nullement dit la jurisprudence, car il y a titre contraire à la mitoyenneté ; sans doute le voisin peut discuter la valeur du titre, remonter à son origine, essayer d'en détruire les effets, mais à lui incombe la charge des preuves ; il devient demandeur.

La non-mitoyenneté basée sur un titre qui n'est pas commun aux deux parties peut néanmoins susciter bien des ennuis et des contestations ; aussi le propriétaire prudent doit chercher à fortifier son acte et à affirmer son droit ; à cet effet il signifie au voisin une protestation contre toute prétention de la part de celui-ci à la mitoyenneté, le silence du voisin est considéré comme un acquiescement tacite.

Les termes employés dans un acte ont une grande importance ; par exemple l'expression de *fossés entre deux*, indique une mitoyenneté des fossés. (Bordeaux, 31 janvier 1835.)

BORNES.

Parmi les titres qui font preuve de non-mitoyenneté se trouvent les bornes.

Les bornes sont encore connues sous le nom de marques, mères, devises, termes ; elles consistent en signes apparents posés pour délimiter les propriétés voisines ; le bornage n'est pas facultatif, la loi permet de l'imposer au voisin (art. 646 du code civil).

Cette opération est souvent le résultat d'un arrangement amiable, le tuteur, le mari dotal peuvent sans autorisation spéciale faire cet acte de bonne administration.

D'ordinaire les parties procèdent elles-mêmes au bornage, ou chargent un tiers de la plantation des bornes ; le travail préliminaire est parfois laborieux, et difficile est la délimitation de la ligne séparative de deux héritages : il faut interroger les titres, parcourir les documents publics ou privés, examiner la configuration des lieux, les haies anciennes, consulter les livres d'arpentement, le cadastre, les plans ; rechercher les traces de cultures, tenir compte des arbres, des sentiers, des chemins, des ravins, des ruisseaux (Metz, 8 décembre 1857), admettre une jouissance continue, non interrompue, paisible, publique, à titre de propriétaire (art. 2229); une telle possession exclut les empiétements insensibles et équivoques que l'inattention ou la mauvaise foi peuvent faciliter.

Le caractère de cette possession peut être établi par des témoins, par l'aveu, par le serment.

La limite des héritages bien fixée, les parties choisissent une pierre de grès dure et haute; cette borne est placée dans un trou creusé sur la ligne séparative, et enfoncée à une profondeur de 16 à 33 centimètres; son sommet doit dépasser le sol de 8 à 33 centimètres.

Quelquefois l'on dépose sous la borne des morceaux de verre ou de charbon, des vieux clous, de la ferraille; mais plus souvent l'on divise en deux une tuile ou une pierre plate, les deux fragments de cette tuile ou pierre doivent s'adapter ensemble, ils prennent le nom de témoins, perdriaux, gardes, filleuls ou garants; chaque fragment est placé dans le trou de chaque côté de la borne; tous ces objets prouvent l'opération, établissent le consentement, remplacent les signatures, complètent le titre.

Autrefois dans le Pas-de-Calais, l'arpenteur fendait un caillou en deux; sur l'une des deux parties, il faisait signer les gens de loi avec une épingle jaune, sur l'autre il écrivait son nom, puis il rejoignait ensemble les deux morceaux du caillou et les déposait au fond du trou au-dessous de la borne.

En Allemagne, il était d'usage de planter les bornes en présence des enfants, de tirer les oreilles de ces jeunes témoins, de leur donner des soufflets, ou de les pousser sur les pierres nouvellement plantées : ces violences imprimaient le souvenir trop frappant de l'opération chez ces victimes d'un usage barbare.

Le juge de paix est compétent pour procéder à la plantation de bornes, ce magistrat dresse un procès-verbal et décrit sur un plan la place des limites.

Le bornage entre voisins, à l'amiable, est rarement accompagné d'un procès-verbal; l'opération n'en est pas moins complète et probante; mais le temps, les instruments agricoles, l'inattention, la mauvaise foi peuvent faire disparaître les marques, et sans cesse il faut recommencer à mettre des bornes. Le procès-verbal, le plan terrier, lorsqu'ils ont été dressés, permettent de reconstituer le bornage sans nouvelles recherches et sans conteste; *borne authentique est enchaînée*, dit un vieil adage. Une épine blanche plantée au pied de chaque borne protège la pierre, la met en évidence et en indique la destination :

> Les pieds corniers dans les champs, dans les bois,
> Bornent toujours deux côtés à la fois.

La loi attache un intérêt public à la conservation des devises, aussi punit-elle de deux à cinq ans de prison tout individu qui, pour commettre un vol, enlève ou tente d'enlever les bornes servant de séparation entre propriétés (art. 389 du code pénal), et frappe-t-elle d'un emprisonnement qui ne peut être au-dessous d'un mois ni excéder une année, et d'une amende égale au quart des restitutions et des dommages-intérêts et qui ne peut être au-dessous de cinquante francs, quiconque a déplacé ou supprimé des bornes ou pieds corniers ou autres arbres plantés ou reconnus pour établir les limites entre différents héritages (art. 456 du code pénal).

Les parties, au lieu d'employer des pierres, désignent parfois pour délimitation une rivière, un rocher, une colline, une roche sur laquelle une croix est tracée, un arbre, une bâtisse; *qui bâtit borne* dit le droit coutumier; ces marques exigent la rédaction d'un procès-verbal, autrement il ne resterait nulle trace explicative de l'opération.

L'accord des parties rend le bornage définitif et sans recours; au contraire l'opération résulte-t-elle de l'intervention du juge de paix, la décision judiciaire peut être attaquée par voie d'appel.

Le bornage fait à l'amiable peut dans tous les cas, être modifié lorsqu'une erreur matérielle est reconnue. Ainsi vient-on à découvrir un titre incontesté établissant la preuve qu'une portion de terrain a été concédée à tort à l'une des parties, les autres parties doivent se conformer à cet acte et replacer des devises nouvelles.

La cour de Douai a décidé le 21 février 1848 que, malgré la convention établissant entre propriétaires voisins la ligne de bornes, cette limite résultant d'une erreur, doit être modifiée, si l'on vient à découvrir, au moment de l'opération, d'anciennes bornes qui fixaient la séparation entre héritages.

Le nombre des bornes que les parties doivent poser résulte de la configuration du sol et de l'étendue des héritages. Si le terrain à limiter est trop sinueux et s'il exige un trop grand nombre de bornes, l'on prend une ligne moyenne traversant les sinuosités et l'on met des devises sur ce tracé plus régulier.

Une borne placée sur la ligne médiane d'une haie établit la mitoyenneté de cette clôture : elle prouve que la haie se trouve à la limite précise des deux héritages, ce qui établit son caractère séparatif (cass., 10 avril 1883).

La borne, posée à 50 centimètres du milieu d'une haie, prouve que cette clôture fait partie de la propriété située de l'autre côté de la haie et la plus éloignée de la devise.

§ 3.

La troisième exception au principe de mitoyenneté réside dans la prescription.

La possession soit de bonne foi, soit de mauvaise foi a-t-elle duré trente ans, la prescription est acquise, la clôture reste au possesseur (art. 2262 du code civil).

La possession s'appuie-t-elle sur la bonne foi et un juste titre, la clôture devient la propriété du possesseur au bout de dix ans si le véritable propriétaire habite dans le ressort de la cour d'appel dans l'étendue de laquelle l'immeuble est situé, et au bout de vingt ans s'il est domicilié hors du ressort (art. 2265 du code civil). Donc contre la mitoyenneté, prescription vaut titre.

La possession annale de la clôture produit-elle les mêmes effets? renverse-t-elle la présomption de mitoyenneté?

L'affirmative a été soutenue : d'après un système, le voisin qui a possédé une haie pendant plus d'une année doit être maintenu en possession; il n'a plus à prouver son droit de propriétaire; son but était de renverser la présomption de mitoyenneté de la clôture, sa possession a produit ce résultat complet.

Sans doute en l'absence de tout titre, cette opinion paraîtrait puissante; le voisin possède, il est le maître : *in pari causa melior est possidentes*. Mais, selon nous, dans notre hypothèse la situation est différente, l'action possessoire devient inefficace, inutile, frustratoire; l'autre voisin n'a-t-il pas toujours un titre qui est la loi, prouvant sa mitoyenneté, n'opposera-t-il pas au pétitoire, devant le tribunal civil, l'article 666 du code civil qui déclare la clôture mitoyenne; devant ce texte absolu et commun aux deux parties, la possession annale n'aura aucune influence.

Cette argumentation a convaincu la commission de la Chambre des députés : « de nombreuses controverses se sont engagées, a dit son rapporteur, sur les effets de la possession annale à l'égard de la présomption de mitoyenneté; la jurisprudence a reconnu que, pour établir la non-mitoyenneté, il fallait pour les murs, les haies, les fossés, une prescription de dix, vingt ou trente ans. La présomption légale de mitoyenneté comme toute les présomptions, dispense de toute preuve celui au profit duquel elle existe, et il est dès lors naturel qu'elle ne puisse disparaître que devant un titre ou *une possession suffisante pour équivaloir à un titre;* désormais toute incertitude doit disparaître sur ce point. »

L'expression qui a fait disparaître, en effet, toute incertitude est le mot *prescription* inséré dans le texte de loi.

La jouissance de la haie qui amène la prescription consiste dans la coupe, l'élagage et le reliage de cette clôture.

La prescription, qui s'exerce sur la répare d'un fossé, n'entraîne pas la prescription du fossé, mais elle est rarement acquise et ne peut résulter de ce que les bestiaux du propriétaire voisin sont allés paître l'herbe qui croît en cet endroit, ou de ce que ce voisin a coupé les ronces, les broussailles. La répare est réservée à l'entretien des clôtures, il est contraire à l'usage qu'elle serve à la culture; l'action du voisin doit être considérée comme un acte de tolérance et de précarité, à l'avantage du propriétaire qui serait obligé de détruire les rejetons, car il *doit laver la répare ou les bornes.*

§ 4.

La quatrième exception au principe de la mitoyenneté des clôtures se trouve dans les marques contraires.

La loi indique pour les fossés et les murs des présomptions spéciales de non-mitoyenneté ; elle mentionne en outre, pour repousser la mitoyenneté, les marques contraires et à cette occasion s'occupe des haies et plantations. Nous allons suivre l'ordre légal et examiner ces principes en ce qui concerne les fossés, les murs, les haies et plantations.

LES FOSSÉS.

La marque de non-mitoyenneté des fossés se trouve dans la levée, rejet du sol ou dépôt de la terre retirée du creux des fossés. Nul n'a droit d'user de la propriété d'autrui ; il est donc évident que le voisin dont le sol porte le rejet, possède le fossé, d'où l'adage :

Qui douve a
Si fossé a

Ce principe se retrouve dans le coutumier de la vicomté de Verneuil (Eure) (article 4) : « la plante, douve ou jetée du fossé, appartient à celui vers lequel elle est jetée et plantée, s'il n'y a titre, bornes ou possession contraires. » Cette règle possède une exception : une ordonnance de 1669 impose aux propriétaires de bois limitrophes des forêts de l'État l'obligation de creuser sur leur terrain et à leur frais les fossés séparatifs des forêts domaniales ; le rejet du côté de l'État n'empêche donc pas le voisin d'être propriétaire du fossé. (Cour de cassation, 12 octobre 1851.)

En règle générale, si le fossé possède un double rejet, il est réputé mitoyen.

La présomption légale de non-mitoyenneté détruit la présomption contraire et légale de mitoyenneté ; en conséquence la clôture est censée appartenir au voisin qui supporte le rejet, et cette marque de propriété produit un double effet :

1° Le propriétaire du fossé est présumé propriétaire de la répare, la cour de cassation a proclamé ce résultat le 11 avril 1848 et a décidé que l'intervalle, laissé au dehors du fossé et appelé répare, appartient à celui qui a fait le creux.

2° Le propriétaire a dû en établissant son fossé se soumettre aux *usages locaux.*

Le code civil, il est vrai, n'impose aucune obligation spéciale à celui qui creuse un fossé ; le droit commun sauvegarde les intérêts du voisin en rendant le propriétaire responsable du dommage causé soit par son fait, soit par sa négligence ou par son imprudence (art. 1383 du code civil). Mais le silence de la loi civile n'a pas cependant abrogé les règlements en usage pour les clôtures. Dès le 14 juillet 1825, la cour de Caen, la première, décidait en effet que le code n'a pas dérogé aux usages adoptés en Normandie pour l'établissement des fossés ; et la cour de cassation proclama la même opinion le 11 avril 1848. Depuis cette époque, une jurisprudence unanime est venue confirmer les prescriptions de la cour suprême; et en dernier lieu la cour de Bordeaux, à la date du 16 juillet 1879, a déclaré encore que les anciens usages devaient être maintenus en ce qui concerne les clôtures.

La Normandie, entre autres provinces, était réglée en cette matière par le célèbre arrêt du parlement de Rouen en date du 17 août 1751. Ce document formulait des règles depuis longtemps appliquées dans cette région; la cour de cassation le 15 juillet 1825, et la cour de Rouen le 17 novembre 1826 sont venues reconnaître que ces usages si anciens devaient encore de nos jours et sous le code civil, être appliqués en Normandie.

Celui qui fait creuser un fossé sur son fonds est donc tenu, aux termes de l'article XIII du règlement de 1751, de laisser du côté du terrain du voisin et au delà du creux, un pied et demi (50 cent.) pour la réparation; si la terre du voisin est en labour, il est obligé de laisser au moins deux pieds (66 cent.).

En outre, le fossé doit être fait en talus du côté du voisin.

Ce terrain ainsi laissé est appelé répare, franc-bord, franche haie, porterouelle, c'est-à-dire porte raie de charrue; la répare laisse au propriétaire la facilité de passer du côté du voisin pour réparer le fossé, elle consolide les talus par son défaut de culture, et prévient les éboulements produits par le dégel et par les eaux d'orage qui autrement porteraient préjudice à l'héritage limitrophe.

Le règlement interdit dès lors de creuser un fossé sur la limite de deux héritages; autrement le propriétaire du fossé s'exposerait à une action devant le juge de paix en complainte possessoire : dès que la propriété du fossé entraîne la propriété de 50 centimètres de terrain, le voisin a intérêt à intenter une action au propriétaire qui plus tard serait présumé posséder une répare et qui pourrait la prendre au dépens du fonds limitrophe (cassat. 11 août 1848.)

Il peut arriver qu'un fossé ne porte aucun rejet de terre, cette clôture peut devenir dès lors mitoyenne? Le principe de l'article 666 reprend toute sa force : les deux héritages voisins sont-ils clos, le fossé est réputé mitoyen; un seul héritage possède-t-il des clôtures, ou les deux propriétés n'ontelles aucune clôture, la présomption de mitoyenneté disparaît et celui qui se prétend propriétaire doit faire valoir ses droits.

Dans la Manche et dans la partie du Calvados appelée le Bocage, certains fossés consistent en une élévation considérable de terre appelée masse; la largeur de cette masse atteint parfois plus de 7 mètres (22 pieds) elle supporte tantôt des arbres de haut jet, tantôt des haies vives; souvent cette masse ne possède à sa base aucun creux de fossé; quelquefois cependant elle est accompagnée des deux côtés par des rigoles étroites qui reçoivent ses eaux; ces rigoles ne constituent pas les fossés ordinaires, n'imposent pas la répare et ne sont pas réglées par l'arrêté de 1751.

Toutefois le voisin sera prudent, pour éviter toute contestation, de provoquer au bornage le propriétaire de ces fossés irréguliers.

Les fossés, qui séparent les bois des particuliers des bois de l'État, ne doivent pas laisser de répare.

De larges fossés bordent souvent les chemins vicinaux; ces clôtures constituent-elles la propriété des communes ou celle des riverains?

Une circulaire du 27 prairial an XIII déclarait ces fossés dépendance des chemins dont ils recevaient les eaux. En 1824 le 30 octobre, le ministre, consulté sur la propriété de ces fossés, invoqua les règles du droit commun. Cet avis n'est pas juridique, la loi parle d'héritage, or un chemin public ne peut être ni héritage, ni enclos; avec le droit commun la commune ne pourrait jamais posséder de fossés du moment que le fonds du riverain serait en état de clôtures; en outre, rarement un rejet existe du côté de la voie publique; cet amas de terre rétrécirait le chemin et arrêterait l'écoulement des eaux vers le creux du fossé. La circulaire de prairial est plus conforme à la pratique en cette matière spéciale; du reste les chemins vicinaux sont soumis à certaines largeurs qu'il sera toujours facile de consulter pour rechercher le propriétaire des fossés.

LES MURS.

La preuve de la non-mitoyenneté des murs résulte d'une présomption légale inscrite dans l'article 654 du code civil.

La loi impose à tout propriétaire l'obligation de recevoir sur son terrain l'égout et les eaux pluviales qui tombent de ses toits; si un mur séparatif de deux héritages affecte à son sommet la déclivité d'un toit et laisse tomber ses eaux d'un coté seulement, le propriétaire du sol qui reçoit l'égout est réputé propriétaire du mur qui l'occasionne. Cette raison a inspiré la loi qui décidé qu'il y a marque de non-mitoyenneté lorsque la sommité du mur est droite et aplomb de son parement d'un côté et présente de l'autre un plan incliné.

Le mur peut encore porter trois autres marques de non-mitoyenneté :

1° Il peut avoir d'un côté seulement un chaperon c'est-à-dire affecter d'un côté une forme ronde de chapeau qui facilite l'écoulement des eaux du mur entier sur la même propriété; si le chaperon régnait des deux côtés, ce mur serait présumé mitoyen.

2° Le mur peut posséder d'un côté des arrêtes ou filets de pierres en saillie, placées au moment de sa construction, et destinées à garantir la partie inférieure de cette clôture des eaux qui tombent du sommet et qui sont ainsi rejetées au loin sur la propriété;

3° Il peut enfin porter des corbeaux ou pierres en saillies, placées en construisant la clôture de distance en distance, dans le but soit d'y déposer des objets, soit de leur faire supporter des fardeaux. Ces pierres assez longues qui avancent sur la propriété ne peuvent appartenir qu'au propriétaire du sol qu'elles dominent.

Le propriétaire qui se trouve du côté de l'égout, des filets, des corbeaux, est donc réputé maître exclusif du mur.

Dans certaines constructions, des pierres en saillie sont laissées à l'extrémité des murs; elles sont alors disposées pour relier à ces bâtisses de futurs travaux encore en projet; ces pierres appelées pierres d'attente ou harpes ne doivent pas être confondues avec les corbeaux.

Lorsque le sommet du mur présente des deux côtés un plan incliné ou un chaperon, la présomption de mitoyenneté résulte de cette situation; toutefois il peut être établi que le mur avec son double égout appartient à un seul voisin; dès lors il est présumé qu'au moment de l'édification le propriétaire a laissé du côté du voisin, un espace de 50 centimètres. C'est la répare ou pied-éparts des murs. Ce terrain facilite la réparation et reçoit les eaux.

En résumé, la propriété d'un mur séparatif de deux héritages peut être établie par un titre, par la prescription, par des marques de non-mitoyenneté; mais la preuve testimoniale seule serait inadmissible.

HAIES ET PLANTATIONS.

La généralité des termes de la loi, *marques contraires*, permet d'induire la preuve de la non-mitoyenneté de la manière même de planter et d'entretenir les haies vives ou mortes; ces marques ne sont pas spécifiées, elles varient selon les lieux, elles dépendent de l'essence, de l'âge, de la hauteur des arbres, de la direction des attaches composées d'osier, de fil de fer, de harts ou branches tordues, ces attaches étant toujours fermées du côté de la propriété close; de la place occupée par les poteaux de soutènement lorsqu'il s'agit de palissades ou haies sèches : ces poteaux sont placés du côté du propriétaire qui fixe toujours ses lisses à la limite de son fonds.

La haie accompagnée d'un fossé est réputée faire partie de la propriété placée du côté de la dite haie; l'article 15 du code rural déclare que « si la haie est accompagnée d'un fossé, elle est présumée appartenir au propriétaire du côté duquel elle se trouve, exclusivement à celui du côté duquel se trouve l'ouverture du fond. » Toutefois les marques contraires, tels que rejet de terre, clôture d'un seul héritage, pourraient faire preuve que la haie et le fossé sont la propriété de l'autre voisin.

L'un des principaux avantages des clôtures est d'établir d'une manière absolue la ligne séparative exacte et définitive entre héritage et de permettre à chaque voisin d'observer sans difficulté et avec précision, pour les plantations, les distances rendues obligatoires par la loi, les usages et les règlements.

Aux termes de l'article 671 du code civil, le propriétaire voisin ne peut plus planter des arbres, arbrisseaux, arbustes, qu'à la distance de deux mètres de la limite entre héritages; les articles V et VI du règlement de 1751 imposent la distance de 7 pieds pour planter les poiriers, pommiers, arbres de haute futaie, et obligent à élaguer les arbres de haute futaie à la hauteur de 15 pieds (5 mètres) et en outre à faire couper la partie des branches de tout arbre qui s'étendrait sur le terrain voisin.

D'après la loi de 1881, la distance légale s'applique à tous arbres, quelle que soit leur essence, basse ou haute tige, si leur hauteur dépasse deux mètres.

Ces mêmes arbres, au contraire, sont-ils récépés à la hauteur de deux mètres, ils peuvent n'être plantés qu'à 50 centimètres du voisin.

Les plantations faites par l'État, le long des routes, sont soumises à ces prescriptions.

Les haies sont régies par les mêmes règles ; sont-elles composées de plantes dont la hauteur dépasse deux mètres, elles doivent être plantées à deux mètres du voisin ; les autres haies, c'est-à-dire la majeure partie de ces clôtures, sont distantes de 50 centimètres de la propriété voisine. Cette distance sert à la répare et à l'égout ; elle permet au soleil de chauffer le fonds limitrophe.

> La haie vive partout
> A 18 pouces d'égout.

Une haie peut pousser sur le bord escarpé d'un terrain dominant la propriété voisine ; si, à partir de cette clôture, le sol est en déclivité, comment devra-t-on mesurer la largeur de la répare ? Pour cette opération, il est utile de placer son mètre au centre de la haie ou de la maîtresse souche, en conservant la ligne horizontale et de laisser tomber à 50 centimètres sur le sol un fil à plomb ; le plomb indiquera la limite des deux propriétés.

Le long des chemins publics, la haie peut être plantée à la limite de la propriété : la répare devient inutile puisque le propriétaire a droit au chemin pour réparer ses haies : celles-ci toutefois ne doivent pas envahir la route et doivent·être chaque année régulièrement taillées.

Les murs qui séparent les héritages ne modifient pas pour les plantations les distances légales.

Une exception existe toutefois en faveur des arbres, arbustes, arbrisseaux plantés en espaliers ; la plantation de ces arbres peut être faite de chaque côté du mur mitoyen séparatif sans observer les distances, mais l'espalier ne peut dépasser la crête du mur.

Cette faveur de la loi est plus apparente que réelle pour le propriétaire exclusif du mur : les murs en général ont 50 centimètres au moins d'épaisseur et deux mètres de hauteur, l'espalier appuyé au mur est donc en réalité planté selon la loi, l'exception résiderait réellement dans le cas où le mur serait moins épais ou plus élevé.

L'inobservation des distances donne au voisin le droit d'exiger l'enlèvement, à la saison où le bois peut reprendre, des arbres illégalement plantés ou de demander que ces arbres soient réduits à la hauteur de deux mètres.

Toutefois, ce droit n'existerait pas si les arbres avaient été plantés par l'auteur commun propriétaire jadis des deux héritages, ou si un titre établissait la servitude ou si les arbres avaient atteint l'âge de 30 ans.

Les distances légales sont obligatoires, que les arbres aient été plantés ou qu'ils aient crû spontanément, et elles doivent être mesurées depuis la partie centrale du tronc ou de la tige : c'est en effet à l'époque du semis ou de la première pousse que les distances légales ont dû être observées.

Les vieux pieds d'épine blanche, de chêne, d'érable placés dans les haies servent de base aux distances légales ; il en serait autrement des épines noires, des saules, des peupliers, bois blanc, de ces arbres en un mot, dont la végétation est trop rapide.

Des arbres anciens peuvent occuper une distance du voisin moindre que celle prévue par la loi, en vertu d'un titre, de la destination du père de famille et de la prescription ; mais dans le cas où ces arbres disparaîtraient, peuvent-ils être remplacés par de nouvelles plantations faites dans les mêmes conditions de distances ?

Nul doute n'existe si le titre prévoit cette hypothèse ; dans les autres cas, que les arbres aient été plantés par l'auteur commun, qu'ils aient occupé leur place depuis plus de trente ans, s'ils viennent à mourir ou à être arrachés, la servitude est anéantie ; le propriétaire des arbres jouissait d'un droit anormal, exceptionnel, *tantum possessum quantum præscriptum ;* ce droit doit être restreint dans les limites de ce qu'il possédait et disparaît avec l'arbre qui l'avait fait naître ; le voisin est dégrevé du dommage que le temps ou une situation disparue lui imposait ; la légalité reprend ses droits (cassation, 2 juillet 1877).

Le voisinage des arbres légalement plantés est souvent nuisible aux héritages limitrophes : tantôt les branches jettent sur le fonds voisin une ombre préjudiciable aux récoltes ; tantôt les racines y puisent les sucs de la terre, encombrent le sol, étouffent les jeunes plantes, détruisent les murs. Aussi la loi autorise-t-elle le propriétaire lésé à couper lui-même les racines qui envahissent sa propriété, et lui donne-t-elle une action pour contraindre le voisin à couper les branches qui dominent son fonds. Ce droit est imprescriptible. Bien que les racines de l'arbre du voisin sillonnent votre champ depuis un demi-siècle, bien que les branches de son arbre couvrent depuis près de trente ans votre propriété, vous pouvez faire disparaître les racines et demander l'élagage des branches. Les racines cachées dans le sol, souvent inconnues, ne constituent jamais une possession publique, capable de produire toute prescription. Quant aux branches, elles offrent une croissance lente et insensible, excluant toute base, tout point de départ certain, indiscutable, utile à toute prescription. Il en serait autrement si l'arbre provenant du père de famille possédait alors des branches anciennes et dominantes.

Dans tous les cas, le législateur a voulu compenser le dommage éprouvé par le propriétaire dominé, en lui donnant les fruits qui tombent de l'arbre sur son fonds, naturellement et sans sa participation (art. 673 c. civ.).

Dans chaque commune le maire ou tout citoyen peut exiger l'élagage des branches nuisibles, avançant sur les chemins vicinaux et communaux. (Cass., 12 fév. 1834.)

Toutes les règles sur la distance des plantations, mentionnées dans la loi de 1881, ne se substituent pas aux usages dans les pays où les coutumes anciennes sont encore observées; la Normandie est une des anciennes provinces de France où les coutumes ont conservé une véritable autorité.

Nous avons rappelé en effet que le règlement du 17 août 1751 était encore en vigueur; cet édit avait reconnu et formulé les anciens usages sur les distances exigées pour les plantations, et sur l'entretien des haies et les avait rendus obligatoires dans les pays normands.

Voici les principales dispositions de ce règlement sur les plantations et clôtures.

Le jonc marin (art. IX) doit être planté à trois pieds (1 mètre) du fonds voisin, et le bois taillis (2 mètres 31 cent.) lorsqu'il n'y aura pas de fossé de réparation, et à 5 pieds (1 mètre 65 cent.) lorsqu'il y aura un fossé. Mais un bois taillis peut être planté jusqu'à l'extrémité du terrain joignant le bois taillis voisin.

Le bois taillis est le bois qui a moins de 36 ans; et que l'on met en coupe réglée tous les 9 ou 10 ans; après cet âge il devient futaie; lorsque l'on plante des bois de haute futaie il faut observer le droit commun.

Les haies à pied (art. X) pourront être plantées à pied et demi (50 cent.) du voisin; elles seront tondues au moins tous les dix ans du côté du voisin et seront réduites à la hauteur de 5 à 6 pieds (1 mètre 65 à 2 mètres) sans qu'il soit permis de laisser échapper aucun baliveau ou grands arbres.

Les règles émises par le code civil sont empruntées à cet article du règlement.

Les propriétaires d'héritages (art. XI) qui sont clos de haies vives ou de fossés seront tenus d'entretenir lesdites clôtures, si mieux n'aiment détruire entièrement la clôture le long de l'héritage voisin, ce qu'ils peuvent faire, s'il n'y a titre ou contrat; et néanmoins s'ils veulent détruire la clôture, ils ne pourront le faire que depuis la Toussaint jusqu'à Noël, après avoir averti le voisin trois mois auparavant. Jusqu'au temps de la destruction de la clôture, ils seront obligés de l'entretenir.

Basnage dans l'article 83 de la coutume rappelait que celui qui fait clore doit tenir ses terres si bien closes que les bestiaux ne puissent trouver passage.

L'article 671 du code civil qui prescrit dans certains cas, l'application des usages et coutumes rend ces principes anciens encore obligatoires.

Aussi la jurisprudence des tribunaux normands est-elle unanime sur cette question.

M. de Vilade, dans son livre pratique et complet sur les coutumes de Normandie (page 101), mentionne uu jugement du tribunal correctionnel de Bayeux, portant la date du 5 janvier 1860, qui décide « que le règlement du 17 août 1751 n'a cessé de faire loi en Normandie et que d'après l'article XI, les propriétaires d'héritages clos de haies vives ou de fossés sont tenus d'entretenir les clôtures de manière à ce qu'elles puissent défendre leur terrain contre l'introduction des bestiaux voisins. »

Le 13 janvier 1860 le même tribunal, jugeant au civil, affirmait de nouveau « qu'il est de la nature des herbages d'être dépouillés par les bestiaux en

liberté; que ni le mode d'exploitation, ni l'usage du pays n'exigent de les attacher ou de leur donner un gardien; qu'on ne peut donc regarder comme laissés à l'abandon, dans le sens du code rural, les bestiaux libres dépouillant les herbages qui d'ailleurs sont entourés de haies ou de fossés; que le règlement de 1751 est toujours en vigueur en Normandie; qu'il faut donc que les propriétaires d'héritages clos de haies vives ou de fossés les entretiennent de manière à ce qu'ils fassent clôture et obstacle aux bestiaux, si mieux n'aiment se déclore *complètement* en se conformant aux formalités de l'article XI de l'édit de 1751. »

En 1863, le tribunal civil de Pont-l'Evêque (Calvados) décida également que les bestiaux, laissés en liberté dans un herbage entouré par les haies vives du voisin, ne commettaient au préjudice de ce dernier aucun dommage légal en pénétrant sur son fonds à travers ses clôtures mal entretenues : la négligence du voisin à réparer ses haies avait seule facilité les dégâts faits par les bestiaux à ses récoltes.

Le tribunal de Bernay (Eure) a lui-même appliqué ces mêmes règles en 1875.

L'article XI est donc toujours en vigueur; et les propriétaires dont les héritages sont clos de haies ou de fossés ne peuvent détruire partiellement les clôtures; ils sont obligés soit de les entretenir en bon état, soit de les détruire en entier pendant cinquante-cinq jours, du 1er novembre au 25 décembre, c'est-à-dire à une époque la moins préjudiciable pour le voisin : celui-ci averti trois mois auparavant pourra dès lors planter sur son fonds une haie nouvelle et ne pas charger momentanément de bestiaux ses prairies décloses.

Sur les fossés (art. XIV), les arbres de haute futaie ne peuvent être plantés qu'à 7 pieds (2 mètres 31) de distance des fonds voisins.

Le code civil s'est inspiré des règlements et des usages dans la plupart de ses prescriptions; aussi lorsqu'une coutume est tombée en désuétude, ou lorsqu'il y a doute sur l'application d'un usage à une commune, il est plus sage d'appliquer la loi moderne qui cherche à concilier les résultats de l'expérience et du progrès avec les intérêts de l'agriculture.

II.

La haie ou le fossé mitoyens imposent des obligations et donnent des droits aux copropriétaires voisins; nous allons en examiner les principes :

Toute clôture mitoyenne, mur, fossé, haie, doit être entretenue à frais communs.

Cette clôture peut devenir soit inutile, soit onéreuse pour l'un des copropriétaires; celui-ci a-t-il alors un moyen de se soustraire à cet entretien ? Dans les villes, faubourgs, campagnes (cass., 26 juillet 1882), le copropriétaire peut renoncer à la mitoyenneté, alors il abandonne au voisin clôture et terrain (art. 667 et 656 du code civil).

Toutefois si un fossé est creusé pour l'écoulement des eaux, l'abandon de la mitoyenneté est interdite ; les deux riverains sont tenus au curage des eaux des fossés qui servent d'égoût (loi 14 floréal an II), nul ne peut se soustraire à cette obligation (art. 667).

Dans les campagnes comme dans les villes, le propriétaire qui jouit d'un mur possède la faculté d'en acquérir la mitoyenneté en tout ou en partie, il rembourse au maître du mur la moité de sa valeur, ou la moitié de la valeur de la portion qu'il veut rendre mitoyenne et la moitié du sol sur lequel le mur est bâti (art. 661). Ce droit est-il étendu aux autres clôtures ? Le législateur s'y est opposé ; le mur, en effet, isole chaque voisin d'une manière absolue, il sert à soutenir au besoin des bâtiments, il offre un abri pour construire des hangars ou un appui pour planter des espaliers ; moindre est l'avantage à retirer des autres clôtures ; l'intérêt général n'exigeait pas pour les haies et fossés une véritable exception à la liberté de propriété, en effet le droit d'acquérir une copropriété malgré le voisin, constitue en réalité une expropriation et l'intérêt public est même secondaire dans l'espèce (art. 668).

Nul ne peut être contraint de demeurer dans l'indivision ; cette disposintoin de l'article 815 est appliquée à la mitoyenneté des haies et des fossés : le copropriétaire des ces clôtures peut les détruire jusqu'à la limite de sa propriété (art. 668) ; le voisin copropriétaire ne peut toutefois être lésé, sa propriété ne peut rester déclose, aussi le copropriétaire qui reprend sa haie ou son fossé, contracte-t-il l'obligation de construire un mur sur la limite de son fond. Certes le mur est préférable à la haie pour le voisin, celui-ci, peut même, s'il le veut en acheter la mitoyenneté (art. 661), agrandir ainsi son terrain, et livrer à la culture sa portion de haie désormais inutile.

S'il s'agissait d'un fossé habituellement destiné à l'écoulement des eaux, le copropriétaire ne pourrait en changer la destination.

Copropriétaire de la haie mitoyenne, chaque voisin en recueille la moitié des produits (art. 669 c. civ.) ; le droit aux produits ne s'exerce pas seulement pour le voisin sur la moitié de la haie située du côté de son fonds, il comprend une part des fruits de chaque arbre, de chaque branche de la haie entière ; aussi, que les arbres occupent le milieu ou le bord de la haie, ils demeurent mitoyens et si ces arbres meurent ou s'ils sont arrachés, chaque voisin en prend la moitié ; les copropriétaires doivent s'entendre pour cueillir des fruits ou abattre les arbres : les fruits comme les produits sont partagés par moitié (art. 670).

Les arbres sont toujours, dans une haie, cause de dommage : l'abatage doit en être encouragé ; aussi chaque copropriétaire a-t-il le droit d'exiger que les arbres mitoyens disparaissent (art. 670), et ce droit est complet, il ne consiste pas à permettre de couper les arbres, mais encore il autorise à les arracher avec leurs racines ; désormais ces arbres ne pourront par leurs rejets ou pousses étouffer la haie vive, et cette clôture aura des plantes plus vigoureuses et plus fournies.

Les arbres qui servent de bornes sont exceptés de cette règle, nul ne peut les arracher sans le consentement des intéressés.

Aucun des copropriétaires d'une haie mitoyenne ne pourrait également planter des arbres dans la haie, sans le consentement du voisin.

Le législateur de 1881 s'est inspiré dans la plupart de ces prescriptions d'une jurisprudence qui, à maintes reprises, est venue affirmer les principes que nous venons d'exposer.

Fontainebleau. — E. BOURGES, imp. breveté.